This book  arning the Spanish language, whether you are in a classroom setting or learning on your own; the learning of this beautiful and rich language will open many doors of opportunity for you.

Special recognition goes to all the students that I have met in the classroom and online. I am grateful for the times we have shared, and for allowing me to be part of your language learning experience. It has been a very enriching process! Thank you for your dedication and work. I hope that the learning of Spanish has already made a difference in your lives!

This book is the second of a series about "El Camino a Santiago". I wish to offer the learner a different reading and listening opportunity to practice the language. This second volume is intended for reading at the end of the elementary levels or at the beginning of the intermediate level. There is a wide use of the preterit and the imperfect to help the reader practice past tenses, as well as with pronouns (reflexive, direct, indirect and double object).

I am a passionate traveler and have walked *El Camino* on four different occasions. All my walks ended in Santiago de Compostela. The first one started in León, the second one in Roncesvalles, the third one in Astorga and the last one in Sarria.

Walking *El Camino* has been a valuable experience in my life, it helped me to reflect and grow; I learned more about my real self and was able to establish goals and objectives for my life. In the process, I met very interesting people from countries all around the world, took many pictures trying to catch the extraordinary sightings along the way and had a truly exceptional time.

Keep enjoying the book series!

Mercedes Meier, Ph.D.
February 2015

TIPS FOR USING THIS BOOK:

Understanding a language by just listening is a big challenge; if you combine listening with reading, you increase comprehension. In order to increase your vocabulary and facilitate comprehension, use a dictionary that offers a variety of meanings according to context and that it offers audio. Communication needs to be active, not passive. A spoken word is more powerful. When learning vocabulary, repeat the words, say them aloud.

Creating your own glossary in this book will take more time than actually just reading the meanings if they were supplied for you. However, the act of finding the words, looking for them in the dictionary, and writing them in your personal glossary will improve your learning. You will discover many new words and the different meanings a word could have, depending on the context. It is recommended that you listen to all the chapters of the story the first time without pausing. Try to understand the general idea. Next, do a second reading, and going chapter by chapter, select the words you don't know. Look them up in a dictionary. If you go online, it will be better to use a specialized language dictionary.

During your first reading/listening you will find cognates and by seeing some words more than once, you will be able to understand the meaning.

To listen to the audio while reading, scan the QR code in each chapter or visit the links to play the audio book. You must have access to the internet.

About this book
VOLUME 2

The author has compiled tales, anecdotes, and personal experiences to create a reading book series. Each book includes an audio file to listen to while reading. **This is the second volume** in the series "Buen camino". The cognitive process of assimilating and comprehending the language is enhanced when the audio is played simultaneously while the student reads. The book provides readers an enjoyable option to practice the language while learning about the adventures of a student that wins a trip to Spain.

Most of the vocabulary has been carefully selected to incorporate vocabulary selections and grammar tenses appropriate of introductory Spanish textbooks. The character in the story is a student who after winning a trip to Spain; chooses to walk "El Camino de Santiago", all the way from Roncesvalles (by the Pyrenees in the border with France) to Santiago de Compostela in Galicia and beyond to Finisterre.

This second level book continues with all the experiences the character has while walking from Pamplona through Leon. On this volume, vocabulary of parts of a house, food and clothing, is added. Students will be exposed to new vocabulary that is never used in traditional textbooks. As in the first volume, being the main character a student from the United States experiencing Spain for the first time, the reader will keep getting identified with the difficulties and situations the character experiences. The main grammatical structures that are used in volume 2 include: preterit, imperfect, reflexive verbs, direct and indirect objects as an extensive use of double object pronouns.

The book includes the following sections:

1) ¡A prepararse! How much do you know about this context?
2) ¡A leer! Reading the story with simultaneous listening of the audio book.
3) ¡A analizar! Students practice the vocabulary as well as discuss the idea of the book. Check for understanding. Discuss cultural points. Complementary activities.
4) Glossary of uncommon words.

THIS BOOK IS MEANT TO BE READ WHILE LISTENING TO IT, in order to do so, you need to have internet connection to play the links at the beginning of each chapter, or by scanning the QR codes that will play the sound files. You can benefit by listening to the entire book first while reading, the second time going chapter by chapter, stopping to look for unknown words and to help your pronunciation you can read aloud while listening.

This book starts with chapter 11 (it is a continuation of volume 1). Before you start reading; how would you describe what happened in the first ten chapters of Volume 1? Who is the main character? How did she make it to Spain? What problem did she encounter?

¡A prepararse!
How much do you know?

España

¿Dónde está?
¿Qué sabes de España?
¿Por qué visitar España? ¿Qué tiene para ofrecer?

¿Qué impresiones tienes del Camino de Santiago?
¿Te ves caminando por un mes cruzando España de punta a punta?

Si te ganas un viaje a España, ¿qué sitio eliges? ¿Por qué?

Capítulo XI
http://chirb.it/44h9ct

*J*enna está en la estación de policía de Pamplona con el detective que conoció el día anterior. Ella firma un papel y se lo entrega al detective diciendo:

-Esta mañana encontré mi pasaporte en el cuarto del hotel, Julián solamente se quedó con 90 euros.

–¡Difícil de creer! ese chico tomó el riesgo de regresar a devolverte tu pasaporte, ¡increíble!... Firma aquí por favor- le contesta el detective.

Ella firma el documento. El detective le comenta:

-Pues muy bien, buen camino y siempre atenta. Esto no es algo muy común en el camino, pero es bueno estar pendiente en los albergues y preferiblemente caminar con otros peregrinos para evitar los atracos.

Jenna pregunta confundida:

-¿Los tragos?... ¿agrados?... ¿Qué no es común? ¡no entiendo!

- Los atracos, robos, hurtos contesta el detective.

–¡Ahh!... voy a andar con cuidado. Gracias por todo- contesta Jenna mientras sale del despacho del detective.

– Vale, hasta luego- contesta él.

Al salir, Jenna va a la catedral de Pamplona, es bellísima, ella toma algunas fotografías del exterior e interior. Ve a unos peregrinos que se paran para ver el majestuoso edificio. Luego, para encontrar el camino fácilmente, ella los sigue.

Personal Glossary: (Place a number by the word and the reference here)

Una vez en el camino, ella se cruza con muchos peregrinos, y como siempre, todos se saludan con el cordial "buen camino". Jenna piensa que es una forma de comunicarse tan universal como una sonrisa, todos lo dicen y todos lo entienden, ¡qué maravilla! Jenna se siente emocionada y feliz de estar allí en ese momento, de comenzar un nuevo día y de poder compartir esa experiencia con gente de tantos países del mundo. No va a permitir que lo de Julián la moleste.

Pasa un grupo de chicos y ella distingue a los canadienses que conoció con Julián. Los canadienses andan con una chica pelirroja.

Christophe saluda a Jenna guiñándole un ojo mientras continúa la conversación con la chica que no para de hablar:

- ¡No, no, no!! Los Aries son los mejores del zodíaco. Gente tranquila, sin rollos, positiva - dice la chica.

Philippe, el otro canadiense le dice a Jenna:

- Hola, ¿qué tal? *I thought you were way ahead of us...*

– ¿Recuerdan? ¡Dijeron que no iban a hablar inglés!- interviene inmediatamente la chica pelirroja.

Mirando a Jenna, ella se presenta:

– Hola, soy Elena, ¿y tú?

- Me llamo Jenna, mucho gusto.

Personal Glossary: (Place a number by the word and the reference here)

- Yo creo que los Leo son más exitosos, interesantes e inteligentes que los Aries- dice Christophe.

- ¿Y qué sobre los más pretenciosos, arrogantes, presumidos y creídos?- le pregunta Elena.

- Yo creo que los Escorpio son tan presumidos como los Leo; siempre quieren ser el centro de atención, dice riéndose Philippe.

- ¿Y tú, qué signo eres?, le pregunta Elena a Jenna.

- Soy Acuario.

Elena se sonríe y comenta:

- Así que tenemos un Leo, un Géminis, una Acuario y una Aries... Jenna, tú eres aventurera y segura de ti misma, ¿eres cabeza dura?... ¡Mi hermana es Acuario también y ella es imposible!, ¡súper terca! stubborn

Jenna responde mientras sonríe y se toca la cabeza.

- Sí, soy aventurera, estoy aquí... no entiendo qué es cabeza dura.... hard headed?

Philippe sonríe diciéndole:

- Cat Stevens, ¿conoces "*Hard Headed Woman*"? y canta la melodía...

Jenna se ríe y le pregunta:

- ¿Siempre tienes una explicación para las dudas con una canción?

Philippe contesta cantando:

- Quizás, quizás, quizás...

Ellos se ríen con ganas, excepto Elena que no conoce la historia.

- ¿De dónde eres?- le pregunta Jenna a Elena.
- Soy nicaragüense, ¿y tú? – contesta ella.
- Americana- contesta Jenna.
- ¿También eres canadiense? – pregunta Elena.
- No, soy norteamericana- dice Jenna.

Christophe interviene inmediatamente diciendo:

- Tan norteamericana como los mexicanos o los canadienses, no olvides que todos compartimos América del Norte. Lo apropiado es que te identifiques como estadounidense, ¿no crees?

- Sí, supongo que tienes razón- dice ella.

- ¿Te das cuenta, Jenna?, ese comentario de Christophe es propio de un Leo- comenta Elena.

Jenna añade:

- Yo creo que en inglés nos hace falta una palabra… "*united-statian*" para estadounidense. Todos decimos "American" cuando hablamos de nuestra nacionalidad.

En eso, llegan a un punto del camino donde dos peregrinos están tomando fotos de una iglesia en Cizur Menor y del valle al fondo. Al llegar, ellos se paran mientras uno de los hombres está diciendo:

- Mira qué hermosa vista de la Universidad de Navarra, y de todo Pamplona… ¡Cuánta historia!, ¡es fascinante!, los romanos, los musulmanes, los franceses, Carlo Magno, su ejército, Napoleón Bonaparte, todos pasaron por aquí…

Personal Glossary: (Place a number by the word and the reference here)

Jenna, Elena y los chicos toman fotos. Luego continúan el camino y los otros dos hombres caminan junto a ellos.
  Uno de los hombres le dice al otro repentinamente:
    - Bueno, continuando con las palabras... ¡monumento!
  El otro, un poco mayor, le contesta:
      - Ilegal
  A lo que el primero responde:
   - Abdominal
    Elena no puede aguantarse y pregunta:
   - ¿De qué se trata? ¿Es un juego?
  Uno de los hombres les dice:
    - Estoy estudiando español y estamos jugando a decir palabras en español que son casi idénticas en inglés... y si dices una que no es igual pierdes.
  Elena contesta:
    - Nosotros estábamos comparando los signos del zodíaco pero esto me gusta más...
  Ella ve a sus compañeros de camino y les pregunta:
    - ¿Qué les parece?
  Philippe responde:
     - Definitivamente más interesante que eso de los signos...
  Christophe y Jenna asienten. Philippe le comenta a Jenna:
     - Hablando de quizás, ¿qué pasó con Julián?
  Jenna no quiere hablar del asunto y comenta:
     - Pues la última vez que lo vi fue en Pamplona. Creo que se quedó allí...

  Y Jenna, cambiando de tema a propósito dice:
    - Mi palabra es excepcional, me cuesta trabajo decirla, me costó mucho aprender la pronunciación.

Christophe dice:
- Excitado.
Uno de los hombres contesta:
- Pero cuidado, porque no tiene exactamente el mismo significado. Puede crear confusiones.
- ¿Cómo? ¿Por qué?- pregunta Elena.
Jenna dice:
- Yo lo aprendí un día en mi clase de español. La profesora me preguntó ¿cómo te sientes si sales con Brad Pitt? Y yo le dije: ¡Excitada! porque en inglés se dice *excited*. Ella me explicó que es mejor decir emocionada, entusiasmada.
-Yo me puse muy embarazada en la clase- dice Jenna.
Todos se ríen. Uno de los hombres le explica a Jenna:
-Eso es lo que se conoce como un cognado falso, ya que embarazada significa estar encinta.
Jenna muestra cara de confusión.
-*To be pregnant*- aclara el hombre.
Jenna se pone roja como un tomate y sonríe apenada.
-Puedes decir avergonzada- le dice Elena.
Philippe comenta:
- Me gusta este juego, me ayuda a aprender español a mí también, yo soy *quebecuá* y mi primera lengua es el francés.
Uno de los hombres, el más joven, continúa:
- ¡Perfecto! Y esa es mi palabra.
– Excepción- dice el hombre mayor.
– Exhibición- dice Christophe.
– Importante- dice Elena ya que es su turno.
El camino se convierte en una subida y pronto les comienza a faltar el aire, así que dejan el juego de palabras.
Christophe va haciendo la subida con trabajos, de pronto dice:
Aquí estoy caminando todo el día y sin embargo creo que me estoy engordando.
A lo que Philippe riéndose contesta:
- ¡Pero es que no paras de comer! Tostadas y magdalenas con café para el desayuno, un bocadillo a media mañana, un plato de comida para el almuerzo, luego para merendar; cerezas, melocotones, plátanos, dulces, barritas de proteínas mientras caminas por las tardes, al llegar al albergue; un par de cañas –cervezas- con unas papitas y aceitunas, después para cenar una comilona tremenda con vino y helado de postre... ¡Nunca te había visto comer tanto, si sigues así vas a dar lástima!
Christophe sonríe y le da un golpe amistoso en el brazo, diciéndole:

- ¡Qué exagerado eres!
Y añade en inglés:
- *Don't feel sympathy for me, I am enjoying the best of both worlds!*

Continúan caminando en silencio por un rato. De repente Elena se ríe, y comenta:
- Acabo de recordar algo muy cómico que me pasó cuando fui a los Estados Unidos para aprender inglés. Por cierto que nunca lo aprendí muy bien porque solo estuve allí por dos meses. Cuando se acabó el curso de verano le di una tarjeta de *sympathy* a mi profesora al final del curso.

Todos se ríen menos Jenna, quien admite:
- Una vez más, no entiendo...

Elena le sonríe y le dice: simpatía en español es *friendliness*. Yo le quise dar una tarjeta para decirle gracias por todo, pero menos mal que mi profesora me dijo que es algo muy común entre los hispanohablantes. Me confesó que no era la primera vez que recibía una tarjeta de condolencia.

Personal Glossary: (Place a number by the word and the reference here)

Debido a que no hay ni una nube y el sol brilla intensamente; el grupo enfrenta la subida sin conversar mucho para poder soportar la dificultad del camino y el calor. En los alrededores se ven muchos molinos de viento. En España es común el uso de energía eólica.

Cuando llegan a la cima, hay una vista hermosa y un homenaje a los peregrinos, donde se puede leer: "Donde se cruza el camino del viento con el de las estrellas".

El grupo se detiene y todos admiran el lugar, disfrutan la brisa, y se toman fotos. Después les toca bajar la cima, pero no se les hace tan difícil ya que del otro lado de la colina hace algo de fresco y hay una brisa constante.

Personal Glossary: (Place a number by the word and the reference here)

Capítulo XII
http://chirb.it/8NPamB

A las 3:30 pm el grupo llega a Puente La Reina. Los dos hombres mayores deciden seguir, pero Jenna, Elena y los dos canadienses buscan cupo en el albergue. Se quedan en un albergue no muy grande y privado. Cada uno paga cinco euros. El sitio está muy bien, tiene una lavandería, un salón con computadoras e internet, una cocina, una sala enorme con muchos libros del camino, baños muy cómodos y un hermoso patio. Definitivamente bastante mejor que los albergues anteriores.

Jenna por primera vez se da un baño bien largo, sin apurarse, tomándoselo con calma. Se lava el pelo, se pone ropa limpia y luego lava su ropa. Ella toma su tableta y va al salón donde tienen WiFi para escribirle a su madre. No le cuenta lo que pasó con Julián para no ponerla nerviosa.

Luego sale a pasear por el pueblo, llega a un río y ve el famoso puente. Ella saca su armónica de su pequeño bolso, se sienta en la grama a orillas del río y toca unas cuantas melodías.

Finalmente saca su diario, y escribe:

—Jueves 13 de junio, 2013

Estoy sorprendida de mí misma. Paso el día sin teléfono, no le escribo mensajes a nadie. Hoy lo pensé cuando estaba caminando. Hubo dos ocasiones que sentí pena porque no supe cómo decir unas palabras en español, es más, si hubo una perdedora en el juego de palabras, fui yo. Pero estas personas que conocí no me hicieron sentir mal. Creo que normalmente uso mi teléfono para aislarme. No sé si es porque estoy en España, porque es otro país y todo es nuevo, pero estoy aprendiendo a no depender de mi teléfono. Estoy aprendiendo a tener más confianza en mí misma, sé que es una razón por la que vine.

෴෴෴෴෴෴෴

Personal Glossary: (Place a number by the word and the reference here)

Capítulo XIII
http://chirb.it/KpJB7O

𝒥enna siente que le tocan el hombro, al voltearse, ella ve a Briggitte, la mujer francesa que conoció el primer día del camino.
- ¡Hola!, ¿cómo estás?- le saluda la señora.

Jenna sonríe. La mujer se sienta junto a ella en el césped. En eso, dos gansos vuelan hacia el río.
Briggitte saca su cámara y toma fotos del famoso puente y de los gansos, ella le comenta a Jenna:
- Ocas, son un símbolo del camino.
- ¿No son gansos?- pregunta Jenna
- Sí, sí, me gusta el nombre oca porque es más esotérico.
- ¿Cómo se dice en inglés?- pregunta Briggitte.
- *Geese*- contesta Jenna.

Personal Glossary: (Place a number by the word and the reference here)

- Estas aves eran consideradas mensajeros divinos y antiguamente eran las que brindaban protección. Hoy en día la gente usa perros, pero antes era común tener gansos. Cuando llegues a Logroño, no dejes de ver el Juego de la Oca- comenta Briggitte.

Jenna se ríe diciéndole:
- Es la segunda vez que nos vemos y estoy aprendiendo sobre animales otra vez, la primera vez sobre los becerros y ahora sobre los gansos.
- Bueno, el camino tiene sus historias con animales y muchas personas lo hacen con sus mascotas. ¿Ya viste al francés que anda con su caballo? ¿Y al madrileño que anda con su perro? dice Briggitte.
- Creo que sí, pero no los conocí a ellos- comenta Jenna.
- Una de las leyendas más interesantes del camino tiene que ver con una gallina, ¿la conoces?- pregunta Briggitte.
- No, nunca la escuché- responde Jenna.
- Trata de un chico que viajaba con sus padres haciendo la peregrinación a Santiago de Compostela y pararon en Santo Domingo de la Calzada. No te la voy a contar pero asegúrate de visitar la iglesia y allí vas a ver una gallina y un gallo adentro en la iglesia y vas a conocer la leyenda del milagro- le dice Briggitte.
-Muy bien, de acuerdo- dice Jenna mientras Briggitte se alza para irse.
-¿Viniste preparada con tu piedra? ¡Es una parte muy importante del camino!- pregunta Briggitte.
- No, ¿qué es piedra?- pregunta Jenna.
Briggitte saca una piedra de su mochila y se la muestra.
- ¡Ah! ¿Una roca?- dice Jenna.

Personal Glossary: (Place a number by the word and the reference here)

- No, más pequeña, una piedra, aunque hay quienes traen rocas. Todo depende de cuán grande sea la carga que quieres dejar atrás. Es como una penitencia... Si no trajiste una, busca una y piensa a qué quieres renunciar, o dejar atrás cuando llegues a la Cruz de Hierro, ¿de qué carga te quieres liberar en tu vida?- le dice Briggitte.

Ellas se despiden y Briggitte sigue su camino.

Personal Glossary: (Place a number by the word and the reference here)

Capítulo XIV
http://chirb.it/f5AEOg

A la mañana siguiente, con los primeros rayos del amanecer, muchos peregrinos cruzan el puente de la reina. Algunos van descalzos siguiendo la tradición de cruzarlo sin zapatos.

Jenna, Elena, Christophe y Philippe van juntos. Vemos a unos italianos bulliciosos que pasan casi trotando y van cantando y riéndose. Luigi al ver a Jenna la saluda y ella le sonríe diciéndole:
 -¡Buen camino!
 En una iglesia a la salida de Puente la Reina, hay un Cristo crucificado sobre un triple madero, que claramente representa una Pata de Oca.
 Hay tres chicos españoles tomándole fotos. Uno de los chicos toma una foto de los otros dos junto al Cristo, mientras toma la foto, él comenta:
 - Es común encontrar el símbolo de la Pata de la Oca, se cree que era uno de los símbolos usados por los maestros que construyeron las iglesias y catedrales.

Personal Glossary: (Place a number by the word and the reference here)

Otro de los españoles contesta:
   - Con razón hay varios sitios con el nombre de Oca y El Ganso en el camino, el pueblo de Ganso, Villafranca de Montes de Oca.
   El chico español que no dice nada, no pierde de vista a Jenna. Los españoles siguen el camino. Jenna y sus amigos se toman fotos.

   Más adelante, siguen el camino en subida, y después de pasar por un cementerio llegan a la población de Cirauqui, se paran en un bar para desayunar. Mientras Jenna y Elena están sentadas afuera, los canadienses entran a pedir algo en el bar. Entonces, pasan de nuevo los tres chicos españoles. Ellos se paran frente al bar y miran a Jenna mientras hablan entre sí. El chico que no había perdido de vista a Jenna antes, se le acerca. El chico, le dice a Jenna:
   - Si coincidimos en el mismo albergue hoy, te invito a comer, ¿vale?
   No le da chance a Jenna de contestar, mientras se aleja, se voltea rápidamente y le dice:
   - Soy Hernán, ¡nos vemos!
   Hernán continúa caminando con sus amigos. Elena y Jenna están sorprendidas.
   - ¿Y eso?- pregunta Elena.
   - ¡Ni idea!- contesta Jenna.
   - Dices que un extraño viene, te invita a cenar, ¿y no lo conoces?- pregunta Elena.
   - No, me debe haber confundido con otra persona- dice Jenna.
   - Esos chicos son los mismos que estaban tomándole fotos al Cristo esta mañana, ¡qué raro!- comenta Elena.

- Bueno, no sé si me gusta la idea. La última vez que fui a comer con un chico en Pamplona, fue todo una tragedia... te lo cuento en otro momento.

Entonces llegan los canadienses con cafés para los cuatro.

Ese día caminan mucho, hace bastante calor, hay subidas y bajadas, el cielo está totalmente despejado, ni una sola nube y no hay brisa.
Es el primer día que hace tanto calor.

Llegan a Estella a la una de la tarde, almuerzan allí. Paran en un pequeño restaurante que ofrece especiales para los peregrinos. Allí se consiguen a los otros dos hombres con quienes hicieron el juego de palabras al salir de Pamplona. Se saludan y se sientan con ellos. Después de comer, continúan todos juntos la caminata. A unos pocos kilómetros al salir de Estella, pasan por el Monasterio de Irache, es un sitio en el que se paran todos para tomar vino de esta famosa fuente. Hay una cola de peregrinos quienes esperan probarlo.

Elena se sirve un vaso de vino, al probarlo, exclama:
- ¡Delicioso! Vino español directo de la bodega, que buen vino. Tómame una foto, porque esta la comparto con mi padre que es un amante del buen vino.

Jenna sorprendida le pregunta:
- ¿Ya tienes veintiún años?
- No, cumplí veinte hace dos meses- contesta Elena.

Personal Glossary: (Place a number by the word and the reference here)

Philippe le pregunta a Jenna:
 - ¿Y tú, cuántos años tienes?
 - Voy a cumplir diecinueve muy pronto – dice ella.
Christophe comenta:
 - Igual que yo, pero en Canadá, ya puedes beber a partir de los 18 años. Es más, es común beber vino o champaña con la familia en eventos especiales desde que uno es joven.

El hombre mayor añade:
 - Exacto, es preferible de esa manera ya que no se crea un deseo por lo prohibido. Yo soy mexicano, y si vas a Cancún, vas a ver a un montón de jóvenes menores de veintiuno, borrachos de una manera que dan ganas de llorar. La policía local recorre las calles al amanecer para llevar a los desmayados a sus hoteles o al hospital. ¡Es una vergüenza!

El hombre más joven añade:
 - Sí, la verdad es que no entiendo como en los EE.UU. se considera que los chicos tienen madurez para ir a la guerra, tomar un arma y matar mientras defienden al país con tan solo 18, y sin embargo que son menores de edad para tomar una copa de vino. Cuanta más prohibición, más deseo por lo prohibido y más abuso.

Personal Glossary: (Place a number by the word and the reference here)

- ¡Vamos chiquilla, tómate un trago para que pruebes un buen vino de Navarra, estas oportunidades no se presentan todos los días! Dile a tus padres que el profesor Rodríguez de la Universidad de Guadalajara te dio una tarea cultural.

Jenna se acerca a los labios un vaso y prueba un poco de vino. Arruga la cara y dice:

- Misión turística cumplida. Pero no quiero más. Ya lo probé.

Todos se ríen y continúan el camino.

En una hora y media llegan a Villamayor de Mojardín. Se quedan en un albergue pequeño. Jenna no consigue señal de WiFi para escribirle a su madre.

Jenna escribe en su diario.

14 de junio, 2013

Lo que me dijo la señora Briggitte ayer me puso a pensar, no sé qué es lo que quiero dejar atrás, voy a salir ahora a buscar una piedra. Quizás mañana debo caminar sola un rato para pensar. Algo terrible me pasó hoy, ¡me vino el período! Tengo que ir a comprar tampones, esto sí que es un fastidio.

Hoy también probé un trago de vino tinto por primera vez, no me gustó mucho. Se supone que es un vino muy especial, salía de una fuente.

¡Ah! y hoy, un chico desconocido se me acercó sin conocerme y me invitó a cenar con él. No lo vi aquí, no debe estar en este albergue. Seguro que es una broma.

Ahora tengo que salir, debo comprar tampones y conseguir una piedra.

Personal Glossary: (Place a number by the word and the reference here)

Capítulo XV
http://chirb.it/I7e3t8

*H*ay un patio con sillas donde muchos peregrinos se están curando ampollas en los pies. Jenna se dirige al hospitalero:
   - ¿Dónde puedo comprar unas grocerías?
  El hombre sorprendido y entre risas repite:
   - ¿Groserías? ¡¿Qué dices, mujer?!
Detrás de ella, no muy lejos, está Philippe quién le dice:
   - *Do you mean groceries*?
   - *Yes*- dice ella mientras voltea aliviada al ver a Philippe.
Él se ríe y comenta:
   - *I wish I had a song for this one*! Groserías *is cursing, bad words*, *just say* compras.
   - Gracias- contesta aliviada, mira de nuevo al hospitalero y le dice:
   - ¿Dónde puedo comprar unas compras?
El hospitalero le repite:
   - ¿Que dónde puedes hacer unas compras?
   - Sí - contesta ella.
   - Al salir, vas derecho por tres cuadras, luego cruzas a la izquierda y tomas la segunda calle a la derecha- le dice el hombre.
   - Vale, gracias- contesta ella y sale.
  Jenna consigue tampones y luego camina por un parque pero por más que busca una piedra, no encuentra ninguna especial.

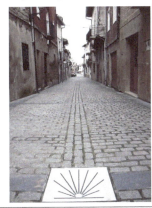

Capítulo XVI
http://chirb.it/Az9Pwm

*J*enna se está poniendo las botas, son las 7:00 am y ella está lista para caminar. Sus amigos están por salir, ella se les acerca y les explica que va a caminar sola porque necesita conseguir una piedra y quiere pensar. Se despiden y quedan de acuerdo para verse en Viana, va a ser un día largo de camino, más de 29 kilómetros.

   - No te preocupes, te guardamos una cama en el albergue- le dicen sus amigos.

   - Muy bien, gracias, hasta pronto- se despide Jenna.

Los chicos se van. Jenna se ajusta las botas, se pone su mochila, toma su palo y sale.

  Se siente bien de estar sola. Jenna va apreciando el paisaje y diciendo buen camino a todos los peregrinos que pasan. Hay algunas nubes, ella está contenta de que el día no está tan despejado como los días anteriores.

Personal Glossary: (Place a number by the word and the reference here)

Jenna pronto se sumerge en sus propios pensamientos. ¿Por qué le cuesta tanto darse cuenta de lo que quiere dejar atrás? ¿Qué es lo que le molesta a ella de sí misma o de su vida? Ella es una persona normal, un poco callada. Tiene amigos, aunque a los mejores los dejó en Ocala. Homestead le parece bien pero no es un sitio que le encanta. Quién no le cae muy bien es Alex, el novio de su mamá, definitivamente le duele que él está reemplazando poco a poco a su papá. Eso es lo que ella no le perdona a su mamá. ¿Está siendo justa con su madre?

Ella sabe que su mamá la dejó venir a España porque últimamente estaban discutiendo mucho. Quizás su mamá también se siente culpable de no hacerle mucho caso a ella y de estar demasiado pendiente de Alex. Por otro lado, han pasado

nueve años desde la muerte de su padre. Su madre estuvo sola mucho tiempo. Ellas eran muy unidas, su mamá siempre estaba allí para ella. Ahora es diferente.

En eso pasan unos brasileros, ella lo sabe porque todos llevan la bandera de Brasil. Uno de ellos lleva un cartel en la mochila que dice:

@@@@@@@

"Cuando quieres realmente una cosa, todo el Universo conspira para ayudarte a conseguirla", Paulo Coelho

@@@@@@@

Jenna lee el dicho y le encanta, esto la trae de nuevo a la realidad y abandona sus pensamientos. En eso, ve que hay un sitio bastante rocoso, con poca vegetación. Ella agarra una piedra, luego otra y finalmente ve una que le gusta mucho. Es algo pesada. Decide llevársela.

Llegan una mujer y una chica, la mujer es mayor y la chica luce de la misma edad que Jenna. La mujer se aleja unos pasos del camino y llama a la chica:

- Haydeé, ven, mira... aquí está la espiral, vamos a añadir nuestra piedra.

Personal Glossary: (Place a number by the word and the reference here)

Haydeé camina hacia la mujer, mira al suelo y dice:
- ¡Guao! es enorme.
La chica ve la cara de sorpresa de Jenna. Haydeé le dice a Jenna:
- Ven, mira esta espiral, cada peregrino que pasa le añade una piedra.

- Crece con el tiempo, igual que nosotros- dice la mujer.
Jenna pregunta:
- ¿Este es el sitio donde las personas dejan su carga con una piedra que traen al camino?
La señora mayor le dice:
- No, eso es en Cruz de Ferro, falta mucho para llegar allá.
Las tres toman una piedra y la añaden a la espiral. Siguen caminando juntas.
- Hola, soy Mariluz - dice la señora mayor.
- Haydeé - añade la chica.
- Me llamo Jenna.
- ¿De dónde vienen?- pregunta Jenna.
- De México, mi abuela vive en Mérida, península de Yucatán y yo en el DF, la capital, ¿y tú? - comenta Haydeé.
- ¿Tu abuela? ¡Usted se ve muy joven, señora! Pensaba que era tu mamá... Yo vengo de los EE.UU.
La señora Mariluz comenta:
- Ah, pues mira que bien, veníamos nosotras hablando del antes y el ahora, conversando sobre las diferencias de la juventud, tú que eres y vives en los EE.UU. puedes contribuir puntos de vista interesantes.
- No sé hablar muy bien el español, lo estoy aprendiendo.
- Pues, estás haciendo un excelente trabajo- contesta Mariluz.

Personal Glossary: (Place a number by the word and the reference here)

_____   _____   _____

- Mi abuela dice que ser joven era mejor antes que ahora, y casi que discutimos- se ríe Haydeé.

Su abuela interviene enseguida:

- Sobre todo por la tecnología. Dime una cosa Jenna, ¿no es verdad que los chicos hoy en día, sobre todo en los EE.UU, salen y en vez de conversar entre sí y mirarse a los ojos está cada quién aislado con su teléfono?- pregunta Mariluz.

- Bueno, pues sí, más o menos- dice ella.

- Sí, pero la comunicación es más eficiente ahora. Antes, primero llamabas, y si no te contestaban, tenías que esperar. Ahora, con los mensajes de texto la respuesta es inmediata. Ahora puedes hacer planes en el acto- dice Haydeé.

- Y también da tranquilidad, mi mamá puede saber en cualquier momento dónde estoy, lo que hago y cuándo llego a casa- dice Jenna.

- Claro, claro, eso sí, pero estamos hablando sobre lo que se refiere exclusivamente a las relaciones de amigos y parejas. Definitivamente para los padres los celulares son una bendición, en el sentido de seguridad. Pero por otro lado, da pena ver a la familia sentada a la hora de comer y en vez de mantener una conversación y compartir durante los breves veinte minutos de la comida, está cada quién en lo suyo- dice la señora Mariluz.

- La verdad es que si un chico me invita a salir y luego está pendiente del teléfono, no me gusta para nada- dice Haydeé.

- ¿Sales con él de nuevo?- le pregunta su abuela.

Personal Glossary: (Place a number by the word and the reference here)

_____   _____   _____   _____

- Depende...si me gusta mucho o no- le contesta Haydeé.

- Es una superficialidad total... Antes, cuando yo era joven, no tenía 350 amigos en Facebook, ni 200 seguidores en Twiter ni en Instagram. Lo que sí tenía eran dos excelentes amigas en quienes confiaba con los ojos cerrados y un grupo de diez o doce amigos. Íbamos a los bailes, las ferias, fiestas, era otro mundo- dice Mariluz.

Las tres caminan en silencio por unos minutos.

- Tuvimos un debate en clase de psicología sobre este tema. El profesor dijo que vivimos en burbujas digitales, aparentemente relacionados con el mundo entero pero con menos relaciones profundas de amistad que antes- dice Haydeé.

- ¿Qué es burbuja?- pregunta Jenna.

- Creo que se dice *bubble* en inglés. *Like digital bubbles, isolated...*- contesta Haydeé.

- ¡Ahh!- contesta Jenna...

- ¿Y qué pasó en el debate?- pregunta Jenna.

- Bueno, casi la mitad de la clase, dijo que probablemente era mejor antes que ahora. Que no soportan que una chica o un chico saque el teléfono y mande mensajes en una cita.

- Mmh, me pregunto cómo responderían en una de mis clases. ¿Estudias bachillerato o en la universidad?- pregunta Jenna.

- Primer año universitario, por eso estoy en el DF- dice Haydeé.

- Bueno, la verdad es que ayer estaba precisamente pensando en eso. Pensé que no parezco yo, en este viaje estoy todo el día sin teléfono y no me importa. No traje mi teléfono, no funciona aquí. En Florida nunca puedo salir si no tengo mi teléfono conmigo.

Personal Glossary: (Place a number by the word and the reference here)

- ¿Hace cuánto comenzaste el camino?- pregunta Haydeé.
- Hace seis días. ¿Y ustedes? - pregunta Jenna.
- Hace una semana, comenzamos en Francia, a un día de Roncesvalles. ¿Vas hasta Santiago?- pregunta Haydeé.
- Sí, ¿y ustedes? - dice Jenna.
- Es nuestro plan - contesta Mariluz.
- ¿Estás haciendo el camino tú sola? - pregunta Haydeé.
- Sí, me gané un concurso de escritura en la clase de español y me dieron un pasaje gratis. A mí me encanta el español y quiero ser bilingüe, podía elegir ir al sur de España o venir aquí, pero me llamó la atención mucho esto de caminar con una mochila por treinta días- contesta Jenna.
- ¿Y ustedes?- pregunta ella inmediatamente.
- Nosotras teníamos planeado este viaje desde hace dos años. Es un regalo para mi nieta por terminar su primer año de universidad muy bien, y para mí porque desde que perdí a mi esposo, tenía siete años sin salir a ninguna parte, solo pensando en la pérdida. Finalmente comprendí que hay que seguir adelante y a él no le gustaría verme sufrir, así que estoy reinventando mi vida.

Haydeé le da un beso a su abuela.

ೕೕೕೕೕೕೕ

- Yo también perdí a mi papá cuando tenía diez años. Él era militar y murió en la guerra de Iraq.
- Lo siento- dicen Haydeé y Mariluz.
- ¿Tienes hermanos?- pregunta Mariluz.
- No, soy hija única - contesta Jenna
- ¿Y tu mamá, se casó de nuevo?- pregunta Haydeé.
- No, pero su novio vive con nosotras desde hace un año.
- ¡Qué bueno! me alegro por ella. Es muy duro para una mujer cuando pierde al hombre de su vida. Es muy distinto perder a alguien en un accidente, por enfermedad o en la guerra, que perder a un padre que se va con otra - comenta Mariluz.
- Muchos de mis amigos no tienen a su padre, pero tiene razón, es porque se fueron de la casa - dice Jenna.
- Claro que cuando el hombre abandona, la mujer después de recuperarse, está casi que buscando revancha- dice Mariluz.

Personal Glossary: (Place a number by the word and the reference here)

Detrás de ellas se escucha un comentario, ellas voltean y ven a dos hombres. Son el profesor universitario y el hombre que estudia castellano.

- O si me disculpan, fue inevitable escuchar su conversación, también hay cada vez más hombres que se quedan plantados porque la mujer se les fue de casa.

- Usted es mexicano, ¿no? - pregunta Mariluz.

- Sí, Jorge Rodríguez Ramos de Guadalajara para servirle- dice él.

- Mucho gusto – responde Mariluz mientras se dan la mano.

- Yo soy Mariluz Rivas García, de Mérida.

- De la hermosa tierra de Yucatán, y a usted las gracias le acompañan.

Se sonríen.

Mientras tanto Jenna presenta a Haydeé y comenta:

- Cuando los escucho hablar, me doy cuenta que me falta mucho por aprender. A veces no entiendo nada de nada.

El grupo sonríe.

- Retomando el tema del antes y el ahora, me pregunto por qué los hombres de hoy en día van directo al grano, sin adornos ni poesía- añade Mariluz.

- Si nos permiten, continuamos con ustedes, añade el profesor.

- Por supuesto - contesta Mariluz.

Los dos parecen estar interesados el uno en el otro.

Personal Glossary: (Place a number by the word and the reference here)

- Y usted, ¿también es mexicano?- le pregunta Mariluz al hombre más joven.
- No, soy rumano, estudio castellano en México, yo quiero ser profesor de idiomas en mi país- responde él.
- Ah, muy bien, mira cuántos estudiosos tenemos de esta lengua, supongo que van a visitar el Monasterio de Suso en San Millán de la Cogolla, es del siglo VI y el de Yuso del siglo XI.
- Sí, tenemos planeado ir. La comunidad de monjes creó una gran colección de códices y manuscritos, en uno de ellos, el denominado "Códice Emilianense 60" del siglo X, aparecen las primeras palabras escritas en castellano – contesta el profesor.

El grupo sigue caminando y conversando animadamente. Llegan a Viana, un lindo pueblo a tan solo diez kilómetros de Logroño.

Jenna se encuentra con Elena, Christophe y Philippe en la entrada del albergue junto al camino y se queda con ellos. Ella se despide de los mexicanos.

Mariluz y el profesor coinciden que vale la pena continuar a Logroño donde intentan quedarse un día para visitar la ciudad, tomar buen vino de La Rioja y comer platos de la comida vasca que se dice es de la mejor de España.

Luego de bañarse y cambiarse, Jenna sale al patio del albergue, ella toca su armónica durante un rato y escribe en su diario:

16 de junio, 2013

Hoy puse una piedra en una espiral del camino, y también conseguí la piedra que estoy llevando para dejarla en la Cruz de Hierro…. Hoy también conocí a Haydeé y a su abuela Mariluz.

Fue interesante porque me di cuenta que a veces cuando la gente nos habla, no escuchamos, prestamos más atención a lo que queremos decir nosotros que a lo que nos están diciendo. Hoy fue como si lo que me decían era exactamente lo que yo necesitaba escuchar.

Personal Glossary: (Place a number by the word and the reference here)

Capítulo XVII
http://chirb.it/5eg5vk

Al día siguiente salen Jenna, Elena y los canadienses bien temprano del albergue. Deciden ir directo a Logroño y desayunar allí. Caminan varios tramos al lado de la carretera por donde pasan muchos autos. Luego llegan a Logroño, al entrar pasan por debajo de un puente que tiene muchos grafitis.

Logroño es la ciudad más grande del camino hasta ahora. En algunas de las calles y avenidas hay tráfico y muchos peatones.

Se paran en una pastelería, comen unos pasteles con nata y churros con chocolate. Jenna nunca había probado algo igual en su vida y cree entender por qué Mariluz dijo que quería quedarse un día completo solo para comer en Logroño. El café con leche también estaba delicioso. Luego, completamente satisfechos, ellos caminan por la ciudad y deciden continuar rumbo a Santo Domingo de la Calzada.

Personal Glossary: (Place a number by the word and the reference here)

A la salida de Logroño hay un hombre vestido como un antiguo fraile. Está en un parque vendiendo libros del camino, mapas, conchas y palos. Recibe propinas si los peregrinos desean tomarse una foto con él. Hernán, el chico español que se le presentó a Jenna hace unos días y que la invitó a comer, llega al sitio y se para al lado de Jenna.

Jenna se queda sorprendida cuando ve que el hombre vestido de fraile les dice a los peregrinos que pasan "*animal*". Ella ve con expresión de asombro a Elena y a los chicos.

Philippe se acerca al hombre con actitud desafiante y le pregunta a Jenna:

- *Did he just call us animals?*

Hernán se da cuenta del malentendido al escuchar la pregunta y ver la expresión de Jenna y Philippe. Hernán no puede evitar reírse.

Se acerca y les dice:

- "Ánimo, ánimo", *it's not what you guys are thinking*.

Elena cae en cuenta y se ríe de buena gana diciendo:

- Claro, ánimo, no sé cómo decirlo en inglés.

- Es como decir *cheer up, get the encouragement!*- dice Hernán.

Todos se ríen. Jenna repite:

- ¡Ánimo ánimo!

Elena se toma una foto con el hombre y le da un euro. Luego el grupo sigue caminando. Hernán se les une.

Elena le pregunta:

- ¿Caminas solo? ¿Y tus amigos?

- Tuvieron que tomar un tren para Burgos. Yo los alcanzo pronto – contesta él.

Elena y los canadienses van al frente, Jenna y Hernán los siguen unos pasos atrás. Hernán le dice a Jenna:

- Había un chico que se estaba dedicando a robar a los peregrinos en el camino y lo agarraron. Mis amigos son hermanos de una chica a quién le robó su mochila en Pamplona. Ellos fueron a presentar cargos.

- ¿Sabes quién es? - pregunta Jenna.

- No sé el nombre, sé que es un extranjero, creo que de Sudamérica – contesta Hernán.

- ¿Y tú? ¿Lo conoces? ¿Qué sabes de él? Vi tu foto en el despacho de la policía. Por eso te dije el otro día que quería comer contigo. Era para conversar sobre esto - dice Hernán.

- Si se trata de la misma persona, a mí también me robó - dice Jenna.
- ¿No quieres ir de testigo?- pregunta Hernán.
- ¿Testigo?
- *Witness*- le dice Hernán.
- No - contesta ella inmediatamente.

Jenna acelera el paso para alcanzar a los otros.

Caminan todo el día y Hernán se hace amigo de todos, en general se caen bien y continúan caminando juntos. Esa noche llegan a Nájera.

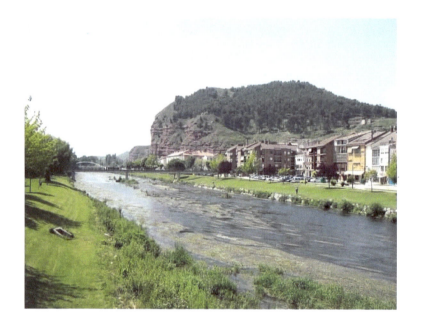

Personal Glossary: (Place a number by the word and the reference here)

Capítulo XVIII
http://chirb.it/4tbxc6

*J*enna, Elena, Philippe, Christophe y Hernán llegan a Santo Domingo de la Calzada, es un poblado muy hermoso. Lo más visitado es la catedral y efectivamente, tal como dijo Briggitte, dentro de la iglesia hay un gallo y una gallina, vivos y cacareando.

Hernán les dice:

- El dicho famoso de esta catedral es: "Santo Domingo de la Calzada, donde cantó la gallina después de asada"
- ¿Por qué? ¿Cuál es la leyenda?- pregunta Jenna.

Hernán les pide que se sienten para escuchar la leyenda:

- Cuenta la tradición que llegó aquí un matrimonio alemán con su hijo de dieciocho años. La chica del mesón donde se hospedaron se enamoró del chico, pero él no le hizo caso así que ella decidió vengarse.

Personal Glossary: (Place a number by the word and the reference here)

_____   _____   _____

Tomó una copa de plata de la iglesia y se la puso en el equipaje a él. Cuando los peregrinos siguieron su camino, la muchacha denunció el robo. Las leyes de entonces castigaban con pena de muerte el delito de robo así que el inocente joven peregrino fue ahorcado. Al salir sus padres al camino de Santiago de Compostela, fueron a ver a su hijo ahorcado y, cuando llegaron al lugar donde se encontraba, escucharon la voz del hijo que les anunciaba que Santo Domingo de la Calzada le salvó la vida. Los padres del chico fueron inmediatamente a contarle el prodigio al gobernante. El mandatario se burló y contestó que el chico estaba tan vivo como el gallo y la gallina que él tenía enfrente en su plato para comer. En ese preciso instante el gallo y la gallina saltaron del plato y se pusieron a cantar.

Los chicos están fascinados con la historia. Toman fotos, recorren la catedral, luego salen y desayunan en el bar de la esquina.

Hernán les cuenta que es la segunda vez que está haciendo el camino. Lo intentó hacer el año anterior pero se cayó y se rompió un hueso en Galicia. Le pusieron un yeso en la pierna y tuvo que abandonar cuando apenas le faltaba una semana para llegar a Santiago de Compostela. Quiso comenzar de nuevo y su intención esta vez es llegar a Santiago para celebrar su cumpleaños.

Personal Glossary: (Place a number by the word and the reference here)

_____   _____   _____   _____

Ese día caminan hasta llegar a Grañón. Se quedan en una iglesia de estilo románico que tiene un albergue parroquial muy bonito.

Les asignaron camas en el ático, van a dormir en el piso de madera sobre unas colchonetas. Hay dos hospitaleras que preparan la comida y los peregrinos dan una donación por comer y dormir. Para la sorpresa de Jenna es como una gran fiesta, se encuentra a Briggitte y al rato llegan Haydeé, Mariluz, el profesor mexicano y el estudiante rumano. Esa noche las dos mujeres hospitaleras cocinan para todos los peregrinos. Es una de las noches más interesantes. Jenna, Christophe y una pareja de alemanes que conocen esa noche se ocupan de poner la mesa y lavar los platos. Uno de los peregrinos toca su guitarra y Jenna se anima y toca la armónica.

Después de la sobremesa, la pareja de alemanes cuenta sus experiencias recorriendo el mundo; fueron al *Appalachian Trail* en los Estados Unidos, al Camino del Inca en Perú, subieron el Monte Roraima en Venezuela, el Kilimanjaro en África. Es muy interesante escuchar los relatos de su experiencia. Luego, muchos se retiran a dormir, pero Hernán, Elena, Philippe, Haydeé y Jenna se quedan conversando.

Personal Glossary: (Place a number by the word and the reference here)

Jenna comenta:

- Elena, ¿recuerdas que te dije que comí con alguien en Pamplona y que tuve una mala experiencia? Y a ti Philippe, no te conté lo que pasó con Julián. Y hoy, después de la leyenda del robo y lo que nos contó Hernán pues se los tengo que contar. Julián es un ladrón y la policía de Pamplona lo capturó. Él me robó mi cartera con dinero y pasaporte. Estuve en la estación de la policía, pero en la noche, mientras dormía en el hotel; introdujo mi pasaporte por debajo de la puerta y me dejó una nota diciendo que lo sentía. Al final solo me robó 90 euros.

Philippe reacciona súper asombrado diciendo:

- ¡No lo puedo creer!
- ¡Fue horrible! Fuimos a comer a un restaurante bastante caro, él me dejó allí en la mesa pensando que estaba reservando camas en el albergue. Nunca llegó, y cuando busqué mi cartera para pagar, no tenía mi cartera ni mi pasaporte. No pensé que él estaba involucrado. Fue en la policía que me quedé asombrada cuando me enseñaron una foto de él- cuenta Jenna.

Elena la abraza.

- ¡Qué suerte! ¿Te imaginas que tragedia si no te devuelve el pasaporte?- comenta Elena.
- ¡Horrible! - dice Haydeé.
- La verdad es que tuviste mucha suerte, piedad por parte de un ladrón, ¡esto es de no creerlo!- comenta Hernán.

Philippe ha estado callado, de pronto dice:

- Me pregunto ¿por qué Julián roba? ¡Es una pena, parecía un buen tipo! ¿Por qué él decidió ser un delincuente?
- ¡Es verdad! A mí me dolió mucho, es una lástima - contesta Jenna.

Hernán dice:

- Hablé con mis amigos hoy. Julián está preso y lo más seguro es que lo van a mandar de regreso a Chile.

Hay silencio por un rato. Todos están callados y serios. Hay un ambiente pesado.

Personal Glossary: (Place a number by the word and the reference here)

De pronto, Hernán comenta:

- Les voy a contar lo que me pasó a mí el mes pasado. Fui al restaurante de mi barrio, donde voy siempre y los dueños y meseros me conocen. Estaba yo comiendo solo y una señora mayor, muy elegante estaba en la mesa de al lado. Entonces, de repente la mujer se levanta y dice que no tiene su cartera, que alguien se la robó. Y me mira y les dice a todos que tuve que ser yo quién le robó la cartera. Yo me levanto y les digo que no, que me registren, que no tengo nada que ver con eso. La mujer después de acusarme sale a su coche y se da cuenta que tenía su cartera allí, que la dejó olvidada. Entró al restaurante y se disculpó. Me pidió perdón por la humillación tan grande. Entonces me dijo que se sentía tan mal que me iba a dar una recompensa. Me dijo, ¿Qué quieres? Elige entre 500 euros en efectivo o una semana con todos los gastos pagados en Ibiza, todos me miraban….

Hernán se calla por un rato…

Elena pregunta enseguida:

- ¿Y qué pasó? ¿Qué hiciste?

Hernán riéndose contesta:

- ¡Me desperté!

Todos se ríen con ganas.

- ¡Buen gusto para terminar la noche! Con tanto tema de robo no iba a poder dormir - Haydeé comenta riéndose.

Todos se despiden y se van a acostar.

Jenna esa noche piensa en Julián, es una lástima que las personas tomen decisiones equivocadas de qué hacer con sus vidas. Julián decidió robar y por lo tanto debe pagar por las consecuencias.

Personal Glossary: (Place a number by the word and the reference here)

Capítulo IXX
http://chirb.it/yNDGvG

Jenna siente la mirada intensa de alguien, abre los ojos y encuentra a Hernán sentado en el piso junto a ella observándola. Se ve que es muy temprano en la mañana. Hernán le sonríe diciendo muy bajito:
 - ¡Buenos días! ¿Decidiste que hacer?

 Jenna se estira, niega moviendo la cabeza y se levanta. Ella toma sus cosas para ir al baño a lavarse.
 Philippe, Christophe y Elena aún duermen. Jenna sale con su mochila y les deja una nota a sus amigos diciendo que ya salió. Al salir, se encuentra a Haydeé afuera, ella se está curando una ampolla. Jenna está lista para comenzar el día. Hoy piensa llegar más allá de Villafranca de Montes de Oca o a San Juan de Ortega. Después, otro día más para llegar a Burgos.
 Son las 6:15 AM, y ya como es común, salió antes que ella un grupo de alemanes como a las 5:00 AM. Al comenzar el camino ve a Hernán tomándose un café en un bar cercano. Ella se detiene y él le dice:
 - ¿De verdad que no quieres ir de testigo a la policía? Supongo que solo necesitas confirmar que es él. Para que puedan culparlo por hurto y mandarlo de regreso a Chile necesitan tener más de un cargo.
 - No sé si lo quiero ver otra vez - dice ella.
Hernán vuelve a decirle:
 - Piénsalo y al llegar a Burgos te vuelvo a preguntar. Hoy en día la gente no quiere tomarse el tiempo de hacer este tipo de cosas pero si no hacemos nada, de alguna manera estamos siendo partícipes de estos crímenes. Los culpables se salen con la suya y dentro de poco siguen robando. ¡Es una vergüenza!

- Bueno, yo sigo, supongo que nos veremos más adelante- dice Jenna.
Hernán se despide con dos besos diciéndole:
- ¿Hasta dónde piensas llegar hoy? ¿Tosantos o San Juan de Ortega?
- No sé. Hasta donde pueda- contesta ella.
Jenna comienza emocionada un día más. Ya lleva once días caminando, este es su doceavo día.
Hace algo de fresco y está nublado. Parece que va a llover. Hoy Jenna se cruza con peregrinos que no había visto antes, solo reconoce a una chica de Corea que conoció hace unos días en un albergue, y al matrimonio alemán que viaja por todo el mundo.

Ve a un chico caminando con su caballo. También pasa un grupo de españoles en bicicleta, y como siempre el saludo que todos se dan es -Buen camino-.

Personal Glossary: (Place a number by the word and the reference here)

Jenna camina por el sendero, hay subidas y bajadas, en un momento se levanta un viento justo al lado de un campo de cebada y ella se detiene a verlo, saca su cámara y fotografía el paisaje. Nota que le molesta el pie izquierdo así que se sienta en la hierba y se saca el zapato. Ve que en uno de los dedos se está formando una ampolla. Ella se pone una crema y una curita. Luego se queda admirando lo bonito que se ven los campos de cebada y trigo y también hay muchas flores de amapola. El cielo se nubla y se ven unas nubes que parecen de lluvia. Jenna se levanta y sigue su camino. Se detiene de vez en cuando para tomar fotos, pero pronto comienza a llover a cántaros, así que no le queda otro remedio que ponerse el impermeable y seguir caminando.

Luego de un rato ella siente ganas de orinar, no se puede aguantar y no sabe cuándo va a encontrar un baño; así que ella deja la mochila en una roca, se va detrás de unos arbustos y soluciona el problema.

Luego, Jenna no se da cuenta que con los movimientos de volver a ponerse la mochila y arreglarse el impermeable, se le sale su cartera del bolsillo y cae en el camino. Ella se va caminando.

Jenna pasa un buen rato caminando bajo la lluvia, finalmente llega a un poblado donde hay un bar que anuncia desayunos para los peregrinos. Le apetece comer un bocadillo de tortilla de patatas y tomar un café con leche grande.

Personal Glossary: (Place a number by the word and the reference here)

_____   _____   _____   _____

Después de entrar al bar, quitarse la mochila e impermeable, se mete la mano en el bolsillo para sacar la cartera y se da cuenta que no la tiene. Jenna comienza a buscar por todas partes, se pone muy nerviosa y se sienta a pensar. No puede evitar llorar de los nervios, ¿cómo es posible? ¡Otra vez!

Llega a la conclusión de que tuvo que ser cuando se paró en el camino, entre el quita y pon de la mochila y el impermeable, seguro que se le cayó. Si alguien la encontró, lo más seguro es que la va a perder. Ella decide caminar de regreso y preguntarle a cada persona que se encuentre en el camino si la encontró.

Al salir llegan dos ciclistas, uno de ellos ve a Jenna y dice:

- ¿Vos sos Jenna Jenkins?
- Sí- contesta ella emocionada, ¿encontraron mi cartera?
- ¿Qué me das si te digo que sí?- le dice el chico y se la entrega.

Jenna lo abraza dándole las gracias.

Los ciclistas son argentinos, ellos toman un café y le invitan el desayuno a Jenna.

Le dicen que tienen planeado viajar a Estados Unidos para conocer el Yellowstone y caminar por el Pacific Crest Trail a la altura de la montaña Shasta en California hasta Oregón. Después de desearle suerte, ellos siguen su recorrido.

Para de llover y Jenna sigue caminando. Le molesta el dedo del pie. Pasa por Belorado y llega a media tarde a Tosantos. Es un poblado pequeño. Jenna piensa que es mejor parar. Se queda en un pequeño albergue. Después de bañarse, se acuesta a dormir una siesta. Se despierta más tarde con el ruido de gente llegando, sale a ver el libro de registros para ver si encuentra los nombres de sus amigos, pero no están, seguro que siguieron al próximo poblado.

Personal Glossary: (Place a number by the word and the reference here)

Jenna va a una sala que está al lado de la cocina, hay unos cuantos peregrinos. Unos italianos están haciendo espaguetis en una olla enorme. Jenna tiene que cargar su tableta, ella la enchufa y se sienta en una computadora que tienen en la sala. Tiene un letrero que dice: Uso gratuito del ordenador por 20 minutos – por favor sea considerado. Hay una pareja en el sofá que está consultando el libro del camino.

Jenna revisa su correo y encuentra tres mensajes de su madre. Le dice que recibió los correos y le pide que le envíe fotos y trate de llamarla en el fin de semana a partir de la una de la tarde hora de España, es decir las 7:00 AM en Florida. Le cuenta que todo está bien. Jenna le escribe unas líneas a su madre y luego contesta un par de correos de amigos.

En eso entra una chica que solo lleva una toalla y le habla en inglés muy molesta a un chico que está en la sala. Ella le dice a él:

- *You are messy! Messy! Where's the soap? I can't find it!*
Un italiano sale de la cocina preguntando:
   - ¿Quién es Messi? ¿Dónde está? ¿El jugador de fútbol?
La mujer es de los EE.UU. y no entiende lo que pasa. Su novio se ríe y le dice al italiano:
   - ¡No, no soy Messi!, según ella lo que soy es un desordenado y está furiosa conmigo.

Jenna no puede evitar reírse también. Jenna le explica a la señora el chiste, se lo dice en inglés. Los italianos terminan invitándolos a comer espaguetis. La pareja de estadounidenses son de Carolina del Norte, ella se llama Linda y él Tom.

Para colaborar, van juntos a comprar pan, vino y unas cerezas para el postre.

Cenan juntos, los espaguetis están deliciosos. Es increíble como casi siempre muchos peregrinos se toman una botella de vino con la comida.

En los restaurantes donde sirven menús para los peregrinos, si alguien pide una copa de vino, le sirven una botella completa.

Los italianos hablan de un sitio muy lindo en Italia que nos recomiendan ir a conocer, se llama Cinque Terre, también dicen que hay que conocer Roma. Dicen si lees Roma al revés en español, es Amor. ¡Roma es la ciudad del amore!

Pasan un rato muy agradable. Después de comer, Linda, Tom y Jenna se ocupan de limpiar todo en la cocina.

Más tarde, todos se despiden. Los italianos van en bicicleta así que van a llegar a Santiago en un par de días. Linda y Tom solo llegan hasta Burgos, deben regresar a los EE.UU.

Jenna piensa esa noche lo interesante que es conocer gente y compartir experiencias con personas de tantos sitios del mundo, que probablemente no los va a volver a ver nunca jamás.

@@@@@@@

Con tantos acontecimientos del día, una vez en la cama, saca su linterna de cabeza y escribe en su diario:

18 de junio, 2013

Estoy en un pueblo pequeño, perdí a mis amigos porque quise salir temprano a caminar. Espero encontrarlos mañana. Hoy conocí gente de España, Italia y los Estados Unidos.
Lo más importante de hoy es que aprendí que a la gente se le presentan oportunidades para hacer lo correcto o no. Creo que la vida nos pone pruebas. Ese hombre que se encontró mi cartera decidió actuar honestamente, no solo me dio mi cartera, sino que también me pagó el desayuno. Fue una lección muy importante para mí.
Es cierto que no la mayoría de las personas son honestas, ¿Cuántas personas devuelven una cartera con una tarjeta de crédito y 60 euros que se encuentran en la calle hoy en día?
Quizás esto es una señal para que yo me dé cuenta de lo que debo hacer con el caso de Julián.

Jenna se queda pensando por un rato, finalmente apaga su linterna y se duerme.

Personal Glossary: (Place a number by the word and the reference here)

_____   _____   _____   _____

_____   _____   _____   _____

Capítulo XX
http://chirb.it/rH6f1h

Son las cinco de la mañana. Los alemanes se están arreglando para salir y una vez más con el ruido de los cierres de las mochilas están despertando a unos cuantos. Jenna se despierta, ve a los italianos cubrirse la cara y los oídos para seguir durmiendo.

Jenna decide salir temprano a ver si alcanza a sus amigos. Esto de no tener teléfono sí que es una desventaja en esta situación.

Se viste, al ponerse las botas se echa crema en la ampolla, le duele el dedo del pie más que ayer.

Sale temprano y emprende el camino.

Luego de caminar por un rato, llega a un sitio de colinas, subidas y bajadas. Al pie de un árbol encuentra a una señora de la edad de su madre que está llorando desesperadamente. Jenna no sabe qué hacer.

Personal Glossary: (Place a number by the word and the reference here)

_____ _____ _____ _____

Se acerca y le pregunta:

- ¿La puedo ayudar? ¿Está bien?

La mujer mira a Jenna sin decir nada. Le extiende el brazo para que la ayude a levantarse. Jenna la ayuda.

La mujer le dice:

- ¿Puedo caminar contigo un rato?

Claro que sí, contesta Jenna.

Caminan en silencio, la mujer sigue sollozando pero no tan intensamente.

Jenna rompe el silencio:

- Me llamo Jenna, ¿y usted?
- Soledad, todos me llaman Sole.

Jenna no quiere preguntar, ella piensa ¿no significa Soledad *loneliness*? ¿Cómo le pueden poner a una persona un nombre así? Siguen caminando por un rato en silencio. La mujer de pronto dice:

- Tenía 19 años cuando descubrí que estaba metido en drogas y que iba por mal camino. Conoció a una chica que trabajaba con un programa de ayuda para las personas con problemas de adicción. Cuando cumplió los veinte parecía otra persona, comenzó a estudiar en la universidad, se compró un coche, alquiló su propio piso. Yo no podía estar más feliz, venía a visitarme una vez por mes y hablaba de casarse con su chica al terminar la universidad y mudarse a Barcelona.

Luego de una pausa continúa:

- Hace dos meses recibí una llamada, le habían detectado un cáncer fulminante en el páncreas, murió a las tres semanas. Carlos era mi único hijo.

Las dos siguen caminando lentamente. Jenna cree haber comprendido todo, no sabe qué decir. Esa pobre mujer, ¡es terrible lo que le pasó!

- Lo siento mucho- dice Jenna.

Caminan en silencio. La mujer ya no llora.
- ¿Por qué está haciendo el camino señora?- pregunta Jenna.
Porque era el sueño de mi hijo, lo estoy haciendo por él...
Después de una pausa, Sole pregunta:
- ¿De dónde vienes?
- De los Estados Unidos. Es la primera vez en mi vida que tomé un avión, esta experiencia para mí es única- responde Jenna.

Pasan unos peregrinos y se saludan. Ellas siguen caminando, al rato Sole comenta:
- ¿Ves ese árbol? Mira que torcido está el tronco, mira los retorcijos que logra hacer el tronco para seguir subiendo...

Jenna es capaz de entender porque Sole usa muchos gestos al hablar:
- Finalmente el árbol logra encontrar la luz, míralo, allá arriba están sus ramas. Yo siempre le decía a mi hijo que él era como ese árbol torcido, su vida no tenía dirección, estaba retrocediendo en vez de avanzar. De pronto, surgió, creció y se enderezó.
Silencio por un rato.
- Yo también perdí a mi padre, murió en la guerra- dice Jenna.
Sole le toma la mano a Jenna, y le da una mirada llena de compasión, no necesita decir ni una palabra. Jenna sabe que Sole siente su pérdida. Al llegar al próximo poblado, Sole se detiene frente a una iglesia.

Personal Glossary: (Place a number by the word and the reference here)

- Yo me quedo aquí, gracias por escucharme. A veces lo mejor que uno puedo hacer por otro es simplemente escuchar.
Jenna la abraza.
Sole le comenta:

- También estoy haciendo el camino por mí, para sacarme todo este dolor que llevo por dentro y para encontrar un balance. Lo que me falta es tener fe, necesito poder entender que mi hijo está bien, que hay algo más allá. Si no, nada tiene sentido y es desgarrador. Yo tengo muchas dudas y no creo, espero resolver esto en el camino.

-Adiós, cuídese – le contesta Jenna.

Jenna sigue caminando. Hay muchos campos de cereales, con los rayos de sol tienen destellos dorados que son excepcionales. Jenna se queda observando la escena y aprovecha de descansar un poco ya que le está doliendo el pie.

Al ver el campo de espigas, ella observa como la brisa mueve las plantas de manera que parece un mar con oleaje dorado. Jenna toma un video de la escena.

Ella percibe la misma paz que siente cuando va a la playa al atardecer y ve las olas del mar. Sigue caminando y llega al poblado de Villafranca de los Montes de Oca.

Personal Glossary: (Place a number by the word and the reference here)

Jenna ve a muchos peregrinos pero no encuentra a sus amigos.

A tempranas horas de la tarde llega casi arrastrándose a San Juan de Ortega. No solo hubo una subida interminable, lo malo es la ampolla que le molesta y le duele cada vez más.

Ella busca un sitio para comer una ensalada o comprar unas frutas. De pronto ve a Hernán sentado en la mesa de una cafetería. Se va directo donde está él.

- ¿Qué tal? ¿Estás cojeando? le pregunta él al verla.

Ella no entiende.

- ¿Tienes problemas con el pie?- pregunta Hernán.

- Sí, tengo una ampolla- contesta Jenna.

- Siéntate, y te la curo de una vez. ¿Traes aguja e hilo?- pregunta él.

- ¿Qué es eso?- responde ella.

- Creo que se dice *needle and thread*- contesta Hernán.

Jenna le dice que no tiene. Ella se sienta y saca su bolsa de medicinas. Él busca en su mochila y saca aguja e hilo. Coloca el pie de Jenna sobre su rodilla, le limpia el dedo con alcohol, toma la aguja, la desinfecta y la calienta con la llama de un fósforo, luego pasa el hilo por la aguja y atraviesa la ampolla en dos sitios. Él deja dos hilos cruzados en forma de cruz. Hernán le explica:

- Así el líquido tiene por donde salir, hoy te va a doler igual o un poquito menos, pero ya mañana vas a estar mucho mejor.

Jenna se pone un par de medias limpias.

- ¿Vas a seguir o te quedas aquí hoy? pregunta Hernán.
- ¿Dónde están los demás? contesta ella.
- Siguieron a Arges. A unos cinco o seis kilómetros de aquí. Quedamos de acuerdo que si no nos vemos hoy nos encontramos en la entrada de la Catedral de Burgos mañana a las dos de la tarde para conseguir cupo todos juntos en el albergue municipal. ¿Tú qué piensas hacer?
- La verdad es que prefiero quedarme aquí hoy ¿y tú?- dice ella.
- Yo también, te estaba esperando. Vamos a reservar cama cuanto antes. Es un albergue pequeño- le dice Hernán.

-Vale- dice ella mientras toman las mochilas y van a registrarse al albergue.

Personal Glossary: (Place a number by the word and the reference here)

Capítulo XXI
http://chirb.it/ME36Kc

Después de bañarse, lavar la ropa, sentirse fresca, ya sin la regla y sin tanto dolor en el pie, Jenna se pone unos pantalones cortos, camisa ligera y sandalias. Se siente muy bien, y va a encontrarse con Hernán quien está hablando por teléfono. Ella se
sienta y él en seguida termina la conversación y guarda su móvil.
  - Muchas gracias por curarme la ampolla, ya me siento mucho mejor - dice Jenna.
  - Hoy por ti, mañana por mí, ¿aprendiste a curarlas? – pregunta él.
  - Creo que sí –contesta Jenna.
  - Vamos a comer, ¿recuerdas que tengo una invitación pendiente?- le dice Hernán.
Ella sonríe.
  - ¿Quieres comer donde nos encontramos? El menú que ofrecen hoy es sopa de lentejas de primero, carne de solomo con papas fritas de segundo y helado de postre, ¿qué te parece?- pregunta Hernán.
  - Sí, está bien - contesta ella.
Van al restaurante. El camarero les pregunta por las bebidas:
  - ¿Queréis vino?
  - Para mí, agua por favor - dice Jenna.
Hernán dice que sí.
  El mesero trae una jarra de vino tinto, una jarra de agua, unas aceitunas y pan. Ellos le piden dos menús del día.

- ¿Y qué haces cuando no estás en el camino?- pregunta ella.
 - Estudio fisioterapia en la universidad y trabajo en una tienda de deportes. Ahora estoy de vacaciones por un mes, ¿y tú?- pregunta Hernán.
 - Estoy en mi primer año de universidad, todavía no sé qué quiero estudiar, aunque me gusta mucho la arquitectura. Por ahora lo más importante es que quiero ser bilingüe, deseo hablar el español perfectamente.
 - Cosa que ya casi casi estás haciendo- le dice él.
 - Bueno, no sé, creo que me falta algo de tiempo- contesta ella.
El mesero trae la sopa y les dice:
 - ¡Que aprovechen!
 - ¡Gracias!- contestan ellos y comienzan a comer de una vez.
 - Hoy conocí a una mujer que se llama Soledad, ¿es común ese nombre?- pregunta Jenna.
 - Pues sí, ¿te parece raro?- dice él.
 - Un poco...menciona Jenna.
 - Pues no has visto nada... Hay nombres como Consuelo, Narcisa, Encarnación, Inmaculada- comenta Hernán.
 - ¿Qué significan esas palabras?- pregunta Jenna.
A lo que Hernán contesta:
 - Comfort, narcissist, incarnation, immaculate, antes era por influencia de la religión, hoy en día cualquier barbaridad le ponen a los pobres críos, nombres de tecnología, de famosos, nombres de programas y películas...
Hernán y Jenna se devoran la sopa.
 -Está rica- dice ella.
Hernán se toma una copa de vino, sonríe y le dice a Jenna:
 - ¡Cómo nos hemos reído esta mañana! en el albergue el concierto de ronquidos fue horroroso. Philippe estaba durmiendo en la litera encima de mí y quiso bajar desesperado a mitad de la noche a buscar los tapones de oídos en su mochila. Como se había tomado unos vinos anoche en la cena, no calculó bien la bajada y cayó encima de las mochilas. Christophe pensó que alguien quería robarnos y le metió un golpe que lo dejó en el piso. Al darnos cuenta todos de lo que estaba pasando nos pusimos a reír y no pudimos parar de reír por un buen rato. Los roncadores profesionales parecía que se alimentaban con las risas porque iban en aumento. Nos aseguramos esta mañana de verles la cara para más nunca coincidir con ellos en un albergue, o al menos no dormir en las camas contiguas.

Personal Glossary: (Place a number by the word and the reference here)

Jenna se ríe con ganas y dice:
- Cuando yo llegue a EE.UU. y les cuente esto a mis amigos no me lo van a creer, esto de dormir todos en el mismo cuarto, los ronquidos, los tapones de oído, los baños comunes.
Los dos comen su segundo plato.
Finalmente Hernán le pregunta:
- ¿Qué decidiste hacer sobre lo de Julián?
- Que sí voy a ir- contesta Jenna.
- ¡Perfecto!, te acompaño. Podemos ir mañana mismo, así ya sales de eso- le dice Hernán.
Esa noche, Hernán y Jenna conversan, luego escuchan música, Hernán le da a escuchar algunas de sus canciones y le encantan a Jenna. Luego él dice:
- Mañana nos espera una caminata larga y se hace cansona, ya verás. ¡Qué duermas con los angelitos! le dice él.
Al ver su cara de confusión le dice:
- *Sleep with the little angels*.
Se quedan dormidos pasadas las 11:00 cuando ya todos los demás duermen.

Personal Glossary: (Place a number by the word and the reference here)

_____   _____   _____

_____   _____   _____

Capítulo XXII
http://chirb.it/9kee8E

Jenna y Hernán son casi los últimos en despertarse. Jenna le sonríe a Hernán diciendo:
 -¡Qué bien dormí!
 Ellos salen del albergue una hora después ya que toman un desayuno.
 En el camino pasan por la capilla de San Nicolás de Bari y Hernán le cuenta que la reina Isabel la Católica, peregrinó hasta San Juan de Ortega buscando un milagro para poder tener hijos. Al salir del poblado, más adelante pasan por la famosa Atapuerca, donde han encontrado restos antropológicos de los más importantes en Europa.

 Hay unas praderas llenas de flores de amapolas, es un paisaje bellísimo. Luego poco a poco se va perdiendo el encanto del paisaje, van por una carretera, hay tráfico, carros, camiones y muy pronto están en las afueras de Burgos. Caminan unos diez kilómetros que no son nada amenos.

Personal Glossary: (Place a number by the word and the reference here)
_____ _____ _____ _____

- ¿Recuerdas que te dije que iba a ser pesado?, ¡tal como la vida, unos días de rosas, otros de espinas!- comenta Hernán. - Iba pensando exactamente lo mismo- contesta Jenna.

Hay una gasolinera enorme del otro lado de la carretera, y Jenna reconoce a Elena. La llama a gritos. En unos minutos salen los canadienses y todos se reúnen, se abrazan, se besan y celebran el encuentro. Jenna dice:

- Extrañaba los chistes constantes de Philippe, los comentarios sarcásticos de Christophe, y a la divertida Elena que es muy directa para decir las cosas. Todos ríen... Christophe dice:

- Nosotros llegamos a la conclusión de que te pusieron un cohete en el trasero.

- ¿Qué es un cohete?- pregunta Jenna.

- A *rocket* le dice Hernán y con gestos le muestra un despegue.

- Es una expresión que se dice de la gente muy inquieta que no se puede quedar quieta por un rato, también se dice "tiene hormigas en el trasero"- le dice Elena.

Hernán añade:

- ¡Hala! ¡Vamos, en marcha! queremos conseguir camas en el albergue. Burgos es la ciudad donde todos quieren quedarse, dice Hernán.

Al llegar a una plaza ven muchos anuncios de albergues, ellos van al municipal, al lado de la Catedral, y consiguen cupo. Es inmenso y muy bonito, tiene seis pisos y parece un hotel, solo que con literas en vez de camas.

Luego de tomar un baño y después de los 28 km de caminata que se hizo cansona, todos toman una siesta menos Jenna y Hernán. Los dos buscan el cuartel de la policía. Allí se encuentran a los amigos de Hernán y también están en la sala las chicas que Jenna había visto con Julián. Una de ellas es la hermana de su amigo.

Un funcionario los hace pasar a una sala. Todos se sientan y traen a Julián. Julián evita verlos a los ojos.

Una mujer escribe en la computadora mientras un funcionario dice:

- Se le acusa de hurto, diecisiete denuncias de robo en el último mes, cuatro casos que identifican al acusado. Tenemos los expedientes que se hicieron en otras provincias, ahora por favor lean el reporte que se hizo al momento que ustedes hicieron la denuncia y firmen atestiguando que conocen al sujeto.

Todos lo firman. Cuando van a sacar a Julián de la sala, él ve a Jenna por un momento. A Jenna se le aguan los ojos porque sabe que a pesar de toda la calamidad, Julián tuvo un poco de consideración con ella. Sin decir una palabra, él baja la vista lleno de vergüenza. Lo sacan de la habitación mientras él dice:

- Lo siento.

Y una vez más solo vuelve a hacer contacto visual con Jenna.

Personal Glossary: (Place a number by the word and the reference here)

Esto fue mucho más breve de lo que Jenna imaginó, lo que la sorprendió es que no sintió rabia por él, en verdad sintió lástima. Se dio cuenta de que ella creía que Julián la ponía nerviosa por la manera como le hablaba y por lo que le decía, por ser tan buen mozo, por su trato. Nunca había conocido a alguien tan directo como él. Ahora se daba cuenta de que la razón por la que se sentía nerviosa era porque cuando lo conoció, ella no sentía que él era sincero.

Jenna confirmó su idea de que tenía que prestarle atención a su intuición al conocer a la gente. Como dice el dicho en español: Una persona precavida vale por dos.

Al final de la tarde, Jenna se sintió orgullosa de sí misma por no haber esquivado el problema de la corte y haber aceptado la responsabilidad de ir.

Esa tarde Jenna pasó horas en la Catedral, fotografió la fachada, los pasillos, las capillas... ¡la catedral es una joya arquitectónica!, no se cansaba de pensar Jenna. Luego, Elena, Philippe, Christophe y Jenna fueron a sacar fotografías de la estatua del Cid Campeador.

A Hernán no lo vieron esa noche.

Caminando por Burgos, notaron que es una ciudad muy bonita pero la más cara que habían visto hasta ahora.

En un café se encontraron con el profesor Rodríguez, Mariluz y Haydeé. Se enteraron de que el estudiante rumano tuvo que viajar de emergencia para Rumania por cuestiones de salud de un pariente. Esa noche Mariluz invitó a Haydeé y a Jenna a comer cordero en un restaurante muy famoso de Burgos. Fue la primera vez que Jenna probó cordero y ella pensó que era una de las carnes más deliciosas que había probado en su vida.

Esa noche se tomó su primera media copa de vino tinto con la comida. Al terminar de comer, eran las nueve y media de la noche, Jenna sacó su tableta, hizo una grabación en video para enviársela a su mamá mostrándole la carne y su primera copa de vino. Le pidió a Mariluz y a Haydeé que dijeran un saludo.

Esa noche al llegar al albergue también les pidió a sus amigos que le dijeran un saludo a su madre y los grabó. Después, Jenna le envió el correo más largo que le había escrito a su mamá desde que llegó a España. También le mandó el video con el saludo de los amigos con los que estaba compartiendo esta maravillosa experiencia y lo más sorprendente es que por primera vez en mucho tiempo, terminó diciéndole a su madre
-I love you-

Finalmente, antes de acostarse, escribió en su diario:

21 de junio

Hoy fue el día de solsticio de verano y también fue uno muy especial. Caminé 28 km, un kilómetro es 0,62 millas, no puedo creer que en los últimos dos días hice más de 55 km y con una ampolla, que menos mal está curándose. Vi una obra arquitectónica impresionante: La Catedral de Burgos; me di cuenta que en verdad me encanta la arquitectura. También la señora Mariluz me invitó a comer a un restaurante muy famoso de España y probé carne de cordero, creo que es mi favorita ahora.

Hoy fui a la estación de la policía y vi a Julián, me dio pena, pero uno no puede ayudar a los que no quieren ayudarse a sí mismos. Tuve que declarar que él era el culpable de hurto de mis 90 euros. A la amiga de

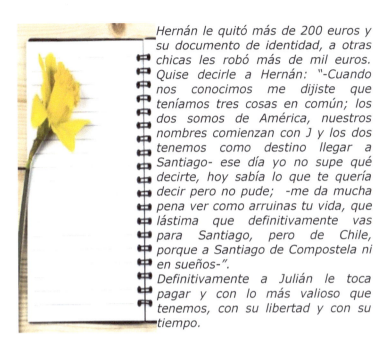

Hernán le quitó más de 200 euros y su documento de identidad, a otras chicas les robó más de mil euros. Quise decirle a Hernán: "-Cuando nos conocimos me dijiste que teníamos tres cosas en común; los dos somos de América, nuestros nombres comienzan con J y los dos tenemos como destino llegar a Santiago- ese día yo no supe qué decirte, hoy sabía lo que te quería decir pero no pude; -me da mucha pena ver como arruinas tu vida, que lástima que definitivamente vas para Santiago, pero de Chile, porque a Santiago de Compostela ni en sueños-".

Definitivamente a Julián le toca pagar y con lo más valioso que tenemos, con su libertad y con su tiempo.

@@@@@@@@

Personal Glossary: (Place a number by the word and the reference here)

_____   _____   _____   _____
_____   _____   _____   _____
_____   _____   _____   _____
_____   _____   _____   _____

Capítulo XXIII
http://chirb.it/eP4f6e

𝓟or los próximos cinco días caminan cruzando praderas y poblados. Unos días con lluvia, otros con sol. Aprenden a compartir caminatas silenciosas.

Se acompañan, pero cuando no van conversando, cantando, riéndose o haciendo chistes; cada uno va buscando sus propias respuestas, descubriéndose a sí mismos y entre ellos. También van haciendo nuevos amigos y despidiéndose de otros. Así es el camino, como en la vida, las personas entran y salen, lo cierto es que ambos, la vida y el camino, continúan.
A Hernán no lo vieron más desde Burgos. Mariluz y el profesor Rodríguez ya no se separan, están haciendo el camino juntos.

Personal Glossary: (Place a number by the word and the reference here)

_____   _____   _____   _____

Haydeé comparte tramos con Jenna, Philippe y Elena. Christophe es el único del grupo que a veces es difícil de soportar. Tiende a quejarse muchas veces y su actitud es negativa. En muchas ocasiones, ya bien caminando o por las noches después de la cena, los chicos hablan cada vez más sobre sus inquietudes, miedos y sueños.

Pasan la noche en Hornillos, Castrojeriz (un antiguo poblado celta), Boadilla del camino y Frómista.

Jenna no vuelve a ver a Briggitte ni a la señora que perdió a su hijo, Soledad. Piensa en ellas en varias oportunidades. Se da cuenta de que especialmente extraña la presencia de Hernán, es un chico sumamente agradable, le cae muy bien y se encuentra pensando en él casi todos los días. Le gustaría verlo de nuevo pronto, le duele mucho pensar que existe la posibilidad de no volver a verlo nunca más.

Cuando finalmente Jenna consigue hablar con su mamá por teléfono un sábado, ambas se echan a llorar. La madre de Jenna está contentísima de que su hija está madurando, de que está cambiando su actitud y de que lo está pasando muy bien. Sobretodo ella está inmensamente feliz de que finalmente después de dos años su hija se está despidiendo en los correos con un "te quiero, mamá".

El quinto día después de salir de Burgos llegan a Carrión de los Condes. Allí escuchan que hay un concierto de guitarra en la iglesia.

Personal Glossary: (Place a number by the word and the reference here)

   Esa noche van más de 100 peregrinos a la iglesia parroquial ya que después del concierto ofician una misa para el peregrino. Al terminar la misa hay una bendición para todos los peregrinos, y les regalan una estrella de papel pintado. Es muy bonito. Todos los peregrinos salen llorando, llenos de emoción. Los ingleses, los japoneses, australianos, italianos, alemanes, españoles, ¡todos! se abrazan sin conocerse, se desean un buen camino. En Carrión de los Condes hay seis o siete albergues. Jenna y sus amigos se están quedando en uno no muy grande, no es el municipal. Es uno privado, donde sirven comida para cenar y desayunar. Esa noche después de la cena, los dueños del albergue hablan sobre los diferentes caminos; el de la Costa, el Portugués, el de la Vía de la Plata. El hombre les cuenta que él vivía en Madrid y tenía un buen trabajo. Sin embargo, nunca tenía tiempo para su familia ni para hacer lo que le gustaba. Así que un buen día, él y su esposa renunciaron a sus trabajos, y se mudaron a este pueblo. Se sienten felices de vivir una vida más armoniosa. No tienen tantas entradas pero viven con una mejor calidad de vida.
   Los chicos caminan cuatro días más pasando por Lédigos, Bercianos del Real Camino, Sahagún, El Burgo Ranero y Mansilla de las Mulas.

La noche del 23 de junio, Haydeé les dice que al día siguiente, al llegar a León van a haber muchas fiestas porque el 24 de junio se celebra el día de San Juan. En León van a tener fiestas por toda una semana.

Así que a la mañana siguiente, después de un delicioso desayuno con yogur, naranjas, plátanos (en España llaman plátanos a las bananas), cereal, leche, pan, mantequilla y mermelada, salen Elena, Haydeé, Philippe, Christophe y Jenna rumbo a León. Son los penúltimos en salir del albergue, Mariluz y el profesor Rodríguez madrugaron ese día y salieron bien temprano. Esa noche nadie roncó, todos durmieron muy bien. El dueño del albergue prohíbe las salidas antes de las 7:00 AM, así nadie se levanta a las 4 o 5 de la mañana despertando a todos los peregrinos.

Capítulo XXIV
http://chirb.it/JKBz8r

*Y*a llevan más de la mitad del camino, probablemente en unos trece o catorce días llegan a Santiago de Compostela, piensa Jenna. Ella se siente muy contenta de lo que está logrando hacer y de lo bien que se está adaptando a esta nueva experiencia. Esta vida de levantarse y solo preocuparse por caminar y alimentarse en otro país, le encanta. Le da tiempo de pensar en sí misma. No hay tiempo para aburrirse, ¡se conoce a tanta gente y uno aprende muchísimo! ¡Todos comparten la misma meta, llegar a Santiago! Lo más interesante, es que cada persona tiene una historia, la mayoría habla abiertamente de cosas que no son nada superficiales; temas de los que Jenna nunca había conversado anteriormente de una manera tan natural. Es por esto que ella se siente mucho mejor con respecto a Alex y su mamá, gracias a conversaciones con gente en el camino. ¡Esto es mucho mejor que ir a un psicólogo, una excelente terapia! piensa Jenna.

  Al llegar a una colina ya cerca de la ciudad, hay cuatro personas que están practicando yoga en un mirador del camino, Jenna distingue a Briggitte entre ellos. Se ve muy bien, es una mujer que siempre está sonriendo, es lo que la hace verse tan bien. Elena y Christophe como es a menudo común, están discutiendo sobre cualquier tontería, a ellos parece encantarles el hecho de ver quién tiene la razón. Jenna va sin prestarle atención a la conversación. Jenna no deja de pensar en Hernán, sus conversaciones eran muy interesantes, ella estaba siempre aprendiendo de él y con él.

A medida que se acercan a la ciudad, Jenna ve a una figura que cree reconocer. ¿Es Hernán el que está allí a unos cuantos metros? Al acercarse, lo reconoce. Ella es la primera en gritar:
- ¡Hernán!-
Él corre a su encuentro y la abraza, le dice al oído:
- ¡No sabes lo feliz que estoy de verte! ¡Tengo días soñando con este momento!
No solo se dan los dos besos típicos del saludo en España, sino que también se quedan mirando intensamente el uno al otro.
Jenna siente que el mundo gira a todo su alrededor. Las manos le tiemblan.
Hernán finalmente abraza y saluda a todos los demás, diciéndoles:
- Llegué ayer, tuve que quedarme en Burgos para acompañar a mis amigos. Uno de ellos se enfermó y abandonaron el camino. Una complicación digestiva que terminó en una operación. Pero finalmente ya está bien.
- ¡Te echamos en falta! - comenta Elena.
- Sí, ¡mucho! – dice Jenna.
- ¡Llegaron a tiempo! ¡Hoy es el día de la gran celebración de San Juan! - dice Hernán.
Elena comenta:
- ¿A qué albergue vamos?, leí que el monasterio de las monjas carvajalas es el más lindo, grande y limpio. Tienen cuartos separados solo para mujeres y solo para hombres.
Hernán añade:
- El problema es que allí no vamos a poder entrar esta noche después de las veintidós y treinta. Y seguro que vamos a querer salir a las celebraciones de la feria, ¿no?
- ¿A qué hora? - pregunta Jenna.
- A las diez y media de la noche - le dice Philippe.

El grupo camina por la ciudad de León. Aquí se ven muchos turistas. También llegan muchos peregrinos en tren y en autobús ya que es un punto común para iniciar el camino.

- Bueno, vamos a ver que otros albergues conseguimos- dice Christophe.

Jenna está en estado de éxtasis, no le importa a qué albergue van, no le importa nada en estos momentos, ¡está súper emocionadísima de que Hernán se unió al grupo! ¡Es el comienzo de una nueva etapa que promete estar llena de sorpresas y de muchas emociones, empezando esta misma noche con la celebración de las Fiestas de San Juan!

Fin

(to be continued...)

Tu Glosario Personal

Escribe aquí las palabras nuevas y el significado:

¡A analizar!

A- Vamos a repasar **la pronunciación** de las siguientes palabras:

1) Europa - euros - europeo - europea - exagerado
2) educación - excepcional - vergüenza - bilingüe - fuente
3) majestuoso - bulliciosos - antropológicos - joya
4) arrogantes - ánimo - alemán - ampolla - eólica
5) nicaragüense - estadounidense - entusiasmada - única
6) sigue - distingue - guiñándole - siguiente - guerra
7) gobernante - conseguir - despegue - ligera - energía
8) inquieta - inquietudes - esquivado - equipaje - allí
9) ejército - espiral - alrededores - embarazada - señal
10) arquitectónica - carretera - creídos - cuadras - cruzas
11) emocionada - avergonzada - delincuente - prodigio
12) piedad - precavida - recorrido - vegetación - catedrales

B- ¿Por qué está Jenna en España haciendo este viaje?

C- ¿Por qué está Jenna en la comisaría de la policía al comienzo de este libro?

D- En tu opinión, ¿qué es lo que Jenna está disfrutando más en su viaje?

_____

_____

_____

_____

E- Si participaras en el debate sobre el impacto de los teléfonos en las relaciones hoy en día ¿cuál sería tu postura?

_____

_____

_____

_____

F- ¿Qué meta tiene Jenna? ¿Cuáles son sus objetivos?

_____

_____

_____

_____

G- Después de ver lo que le ocurrió a Jenna en esta oportunidad al perder su cartera, ¿qué opinas del hecho de que el ciclista argentino se la entregó? ¿Crees que es una situación común?

_____

_____

_____

H- Cuando Hernán cuenta el chiste del sueño; él narra usando verbos en tiempo presente y en el pasado (imperfecto y pretérito):

Estaba yo comiendo solo y una señora mayor, muy elegante estaba en la mesa de al lado. Entonces, de repente la mujer se levanta y dice que no tiene su cartera, que alguien se la robó. Y me mira y les dice a todos que tuve que ser yo quién le robó la cartera. Yo me levanto y les digo que no, que me registren, que no tengo nada que ver con eso. La mujer después de acusarme sale a su coche y se da cuenta que tenía su cartera allí, que la dejó olvidada. Entró al restaurante y se disculpó. Me pidió perdón por la humillación tan grande. Entonces me dijo que se sentía tan mal que me iba a dar una recompensa. Me dijo, ¿Qué quieres? Elige entre 500 euros en efectivo o una semana con todos los gastos pagados en Ibiza, todos me miraban….

Escríbelo tú ahora narrándolo todo en tiempo pasado:

I- Investiga cómo se celebra la el 24 de junio en distintas partes de España. ¿Por qué se hacen fiestas y cómo se celebran?

J- ¿Cuál es tu celebración favorita? ¿Qué otras celebraciones conoces de España?

K- ¿Qué malentendidos ocurren en esta historia por la diferencia/similitud de pronunciación entre el inglés y el castellano y los falsos cognados?

CPSIA information can be obtained
at www.ICGtesting.com
Printed in the USA
LVHW071733191121
703843LV00001B/5